À quelle famille d'animaux appartient le loup?

Le loup est un canidé.
Cette famille compte environ 40 espèces.
Le renard, le coyote, le chacal, le dingo
et le chien en font aussi partie.

> **canidé :**
> les canidés marchent sur leurs doigts.
> Ils ont des griffes qu'ils ne peuvent pas rentrer.

- Combien y a-t-il d'espèces de loup? @
- Où habite le loup? @
- Le loup est-il l'ancêtre du chien? @
- Combien d'années un loup peut-il vivre? @

Il y a plus de 300 ans,
un homme appelé Jean de La Fontaine
a écrit plusieurs fables
dans lesquelles les animaux
sont les personnages principaux.

L'histoire que tu vas lire
dans les pages suivantes
s'inspire d'une de ces fables.
Elle démontre l'importance
que le loup accorde
à sa liberté.

Elle s'intitule :

Entre chien et loup

Entre chien et loup

Texte de **Sylvie Roberge**
Illustrations de **Claude Thivierge**

Le loup a le ventre vide.
Il est inquiet.
Des chasseurs sont venus
il y a quelques semaines.
Ils ont tiré sur la meute.
Le loup s'est enfui.
Il n'a plus de compagne.
Il **rôde** en solitaire
dans la montagne.

rôde:
celui qui rôde se
déplace sans cesse.

Dans la **vallée**,
le chien garde la ferme.
Il s'ennuie.
Depuis que les enfants ont grandi,
ils jouent moins souvent avec lui.
À force de tirer sur sa chaîne,
le chien finit par briser son collier.
Il est libre maintenant.
Il peut faire ce qu'il veut.

vallée :
la vallée est l'espace qui s'étend
entre deux montagnes.

C'est le moment ou jamais.
La forêt est tout près.
Les arbres agitent leur bras :
– Allez, viens ! Dépêche-toi !
Des parfums invitants
chatouillent les narines
du chien. Il ne veut pas
manquer sa chance.
Il s'élance !

Pendant des heures,
le chien s'amuse follement.
Il se roule dans les feuilles mortes
et bondit pour attraper
les écureuils. Sur son passage,
les **perdrix** s'envolent à grand bruit.
Il décide finalement de s'arrêter
pour se reposer.
C'est alors qu'il entend :
– GRRRR…

perdrix :
la perdrix est un oiseau sauvage
au plumage roux ou gris cendré.

Le loup est là, le poil **hérissé**, les babines retroussées.
Le chien reconnaît son lointain cousin.
Il a déjà entendu des histoires terribles à son sujet.
Mais il n'a pas peur car il est fort et musclé.
Pour bien le montrer, il grogne férocement :
– GRRRR…

hérissé :
lorsque le poil d'un animal se dresse,
on dit qu'il est hérissé.

Le loup hésite. Son corps tout entier réclame à manger.
« Je devrais me jeter sur ce **fanfaron**
et n'en faire qu'une bouchée », se dit-il.
Mais ses pattes tremblent de froid et de faim.
Il sait bien qu'il n'est pas en mesure de livrer un combat.

fanfaron :
un fanfaron, c'est quelqu'un qui fait le brave.

Au lieu d'attaquer, le loup se couche sagement,
le museau appuyé sur ses pattes de devant.
Mis en confiance, le chien agite la queue.
La voix **rauque** du loup le fait sursauter :
– On ne vous voit pas souvent dans le coin…

rauque :
une voix rauque produit
des sons rudes.

– Je travaille à la ferme.
Je suis très occupé, explique le chien.
– Je n'en doute pas, dit le loup.
Il ajoute :
– Racontez-moi donc.
Vous êtes si **radieux**.
Votre poil est lustré,
vous paraissez heureux.
Je suis curieux de connaître
la vie que vous menez.

radieux :
on a l'air radieux
quand on est heureux.

Le chien s'empresse de décrire ses repas :
les **pâtées** délicieuses, les os croquants.
Mais ce sont les caresses qu'il préfère :
– Les enfants me donnent des bisous
quand je leur lèche le cou.
Puis ils me grattent derrière les oreilles.
Vous savez, là où cela fait tant de bien…

pâtées :
les pâtées sont des soupes très épaisses
qu'on sert aux chiens.

Le loup ne sait pas.
Il écoute d'un air rêveur.
Alors le chien propose :
– Venez avec moi !
Je vous ferai visiter la ferme.
Vous y trouverez sûrement
un emploi. Que diriez-vous
de garder les moutons ?

– Les moutons ?
Quelle idée **extravagante** !
Jamais je ne pourrais résister
à la tentation de les dévorer.
Les deux cousins se tordent de rire.
Ils imaginent un berger
en train d'avaler tout rond
ses propres moutons.

extravagante :
une idée extravagante
n'a pas de bon sens.

Le loup est songeur.
Il sait que ses vieux os ont besoin
de repos. S'il suit le chien,
il n'aura plus jamais à craindre la faim.
Pourtant il hésite encore :
– Pour vous garder au chaud,
que faites-vous donc ? Et la nuit,
où dormez-vous ? demande-t-il.

Le chien répond à chaque question.
Le loup finit par se laisser convaincre.
Les voilà qui trottinent côte à côte
comme de vieux copains.

Ils forment un drôle de couple :
le loup au regard d'acier et le chien souriant.

De temps en temps, le loup observe le cou
de son compagnon. Ce qu'il voit l'**intrigue**.
Son poil est usé mais il n'ose pas l'interroger.

intrigue :
ce qui intrigue excite la curiosité.

– Nous sommes arrivés,
voici ma maison!,
annonce le chien avec fierté.
Le loup aperçoit la niche.
Il remarque la chaîne
et le collier qui traînent par terre.
– Mais qu'est-ce que c'est?
demande-t-il.

– Ah oui ! répond le chien,
j'avais oublié de vous dire.
Mon travail m'oblige à rester attaché
une partie de la journée.
– ATTACHÉ !
Le loup est si **bouleversé**
qu'il s'enfuit sur-le-champ.
Le chien aboie, mais l'autre ne l'entend pas.
Le fermier sort de chez lui.
Il aperçoit son chien et sourit.
Le chien agite la queue. Il ne sera pas puni.
Il est heureux.

> **bouleversé :**
> quand on est bouleversé, on est très ému.

Le loup a regagné sa **tanière**.
Ses hurlements sont portés par le vent.
Tout à coup, une voix lointaine
se joint à la sienne.
Puis une autre et une autre encore.
La meute tout entière
répond enfin à son appel.
Demain, le loup rejoindra ses frères.

tanière :
la tanière est l'abri du loup.

19

Le loup gris est le plus grand des canidés sauvages.

1 Le museau
Son odorat
est très développé.

2 Les yeux
Les yeux dorés du loup
sont fendus en amande.

3 Les oreilles
Le loup a des oreilles courtes,
droites et arrondies.

4 Le corps
Du museau jusqu'au bout
de la queue, le loup mesure
entre 150 et 200 centimètres.

5 La gueule
La gueule du loup est fendue
largement.

6 Les pattes
Les pattes du loup sont longues,
musclées et très robustes.

7 Les doigts

Le loup possède quatre doigts à l'arrière et cinq à l'avant. Ils reposent sur des coussinets et sont munis de griffes.

8 La queue

La queue du loup est longue et touffue. En position normale, elle est tombante.

Le loup peut voir dans le noir.

Le fond de son œil est recouvert d'un tissu de cellules qui amplifient la lumière. Cela explique pourquoi les yeux du loup sont **phosphorescents**. @

phosphorescents :
les yeux phosphorescents sont lumineux dans l'obscurité.

L'odorat du loup est 100 fois plus puissant que le tien !

Il peut sentir une **proie** à plus de deux kilomètres de l'endroit où il se trouve. @

proie :
la proie est l'animal que le loup chasse pour se nourrir.

Les mâchoires du loup sont armées de 42 dents :

20 en haut et 22 en bas. Les quatre longues canines servent à retenir et à tuer les proies. Les prémolaires et les molaires cassent et écrasent les os. @

Les empreintes du loup ressemblent à celles d'un grand chien.

La forme des griffes est toujours visible au bout des quatre doigts qui touchent le sol. @

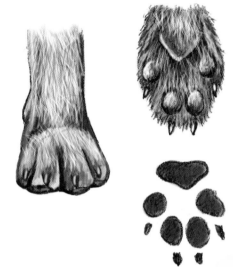

La queue du loup révèle son humeur. @

1 Quand le loup est **décontracté** sa queue est dirigée vers le bas. **2** Quand il veut montrer sa supériorité, il dresse la queue. **3** S'il veut montrer sa soumission, il ramène sa queue entre ses pattes. **4** S'il est agressif, il maintient sa queue à l'horizontale vers l'arrière.

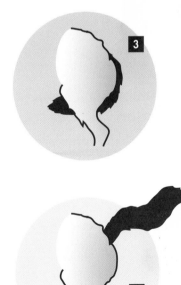

décontracté :
on est décontracté quand on se sent calme.

Le grand méchant loup n'existe que dans les contes.

En réalité, le loup est un animal sauvage qui craint les êtres humains. Il n'est ni gentil ni cruel comme dans les livres d'histoires. @

Autrefois, l'homme et le loup vivaient en paix.

Les Amérindiens et les Inuits respectaient l'adresse et la force du loup. Ils partageaient leurs territoires de chasse avec lui et chassaient le même gibier. @

La guerre s'est déclarée quand l'homme est devenu berger.

Les bêtes enfermées dans des enclos étaient des proies faciles.
Le loup n'hésitait pas à les attaquer.
Aux yeux de l'homme, il est apparu comme un **prédateur** dangereux. @

prédateur :
l'animal qui capture ses proies vivantes est appelé prédateur.

Pendant plusieurs siècles, on a cru que le loup était une créature du diable.

On organisait des chasses et on offrait des récompenses pour chaque peau de loup rapportée. Ces massacres ont amené la disparition du loup dans plusieurs pays. @

sièbles :
chaque siècle a une durée de 100 ans.

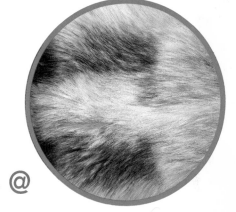

On a aussi beaucoup chassé le loup pour sa fourrure.

Pour le capturer, les chasseurs utilisaient des collets et des pièges. @

De nos jours, le loup est une espèce protégée dans plusieurs pays.

Au fil des années, on a compris que le loup ne représente pas une menace pour l'homme. On sait qu'il aide à maintenir l'équilibre des milieux sauvages, car il ne s'attaque qu'aux proies faibles ou malades. @

Gare au loup-garou...

On a déjà cru que certaines personnes pouvaient se transformer en loups les soirs de pleine lune. Ces hommes-loups étaient appelés loups-garous. @

... et aux meneurs de loups !

On raconte aussi que des hommes vivaient avec des meutes de loups dans les forêts de France. À la nuit tombante, ces meneurs de loups frappaient aux portes. On leur donnait tout ce qu'ils demandaient, sinon on risquait d'être dévoré par leurs loups. @

L'homme qui parle avec les loups.

Michel Pageau a un don étonnant qui lui permet de communiquer avec les animaux. Quand il appelle les loups, ceux-ci lui répondent en hurlant tous en chœur.
Il habite en **Abitibi-Témiscamingue**, près de la ville d'Amos.

Abitibi-Témiscamingue :
L'Abitibi-Témiscamingue est une région du Québec située à l'est de l'Ontario et au sud de la Baie-James.

Une histoire d'amour.

À 12 ans, Michel Pageau avait pour amie une corneille appelée madame Peel.
Plus tard, il est devenu **trappeur** pour nourrir sa famille.
C'est en 1987 qu'il a choisi de protéger les animaux de la forêt.
Avec sa compagne Louise et ses enfants, il soigne maintenant les bêtes sauvages malades ou blessées avant de les remettre en liberté. @

trappeur :
le trappeur est un chasseur qui utilise des pièges pour attraper des animaux à fourrure.

Le hurlement du loup est un chant très impressionnant.

On peut l'entendre à plusieurs kilomètres de distance.
Le loup hurle pour rassembler sa meute, avertir les autres meutes de sa présence ou quand il veut exprimer ses sentiments. Il peut aussi japper, gémir et grogner. @

Le loup vit généralement en meute.

Chaque meute est dirigée par le mâle le plus fort et sa compagne. On les appelle le couple « alpha ». Ils sont les seuls à se reproduire, mais toute la meute participe à l'éducation de leurs petits. @

À la naissance, les louveteaux sont aveugles et pas plus gros que des écureuils.

Pendant 4 à 6 semaines, ils tètent le lait de leur maman. Puis ils mangent la viande que les autres loups mâchent avant de la recracher pour eux. À 6 mois, ils commencent à chasser avec la meute. Ils quitteront leur famille vers l'âge de 2 ans afin de trouver une femelle et de former une nouvelle meute. @

Les membres de la meute chassent toujours en groupe.

Ils préfèrent les proies de grande taille comme l'orignal, le caribou et le chevreuil. Ils choisissent l'animal le plus faible du troupeau et le poursuivent jusqu'à ce qu'il tombe. Un loup peut avaler 10 kilos de viande en un seul repas et rester ensuite plusieurs jours sans manger. @

1 Parmi ces empreintes d'animaux, reconnais-tu celle du loup ?

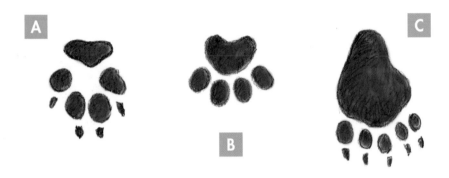

2 Un intrus s'est glissé dans ce portrait de famille. Sers-toi de ce que tu as appris dans ce livre pour le démasquer.

Réponses : 1 • A Dans l'empreinte du loup, on peut voir les griffes au bout des quatre doigts. 2 • Le raton laveur.

3 Choisis la phrase qui décrit le mieux l'humeur de ce loup.

A C'est moi le plus fort !
B S'il te plaît, ne me fais pas de mal !
C Attention, je suis de mauvais poil !

4 Le mot loup apparaît dans plusieurs expressions. Ce dessin illustre l'une d'entre elles. Laquelle ?

A Hurler avec les loups
B Avancer à pas de loup
C Se jeter dans la gueule du loup

Réponses : 3 • A Il dresse la queue pour montrer sa supériorité. 4 • B Avancer à pas de loup signifie marcher doucement, sans faire de bruit.

31

Réponds par VRAI ou FAUX aux affirmations suivantes.

(Sers-toi du numéro de page indiqué pour vérifier ta réponse)

1 Les canidés ont des griffes qu'ils ne peuvent pas rentrer. **(p. 1)**

2 Les oreilles du loup sont longues et très pointues. **(p. 20)**

3 Le loup possède 52 dents. **(p. 22)**

4 Le loup peut voir dans le noir grâce à des cellules qui amplifient la lumière. **(p. 22)**

5 De nos jours, le loup est une espèce protégée dans plusieurs pays. **(p. 25)**

6 Dans la meute, le couple « alpha » est le seul à pouvoir se reproduire. **(p. 28)**

7 Les loups préfèrent les proies de petite taille comme le lièvre et le castor. **(p. 29)**

Réponses : 1 VRAI 2 FAUX 3 FAUX 4 VRAI 5 VRAI 6 VRAI 7 FAUX